A Journey To Find ME

100 thought-provoking questions for teen girls to explore who they are and identify their uniquenesses from both sides of the mirror!

Dana A. Carter
Roberta L. Davis
Pamela Crenshaw

Dedication

The book is dedicated to Mom - Lee Tevis Allen, who was an avid reader and taught girls to be polite, patient and powerful!

You will always be in our hearts!

Table of Contents

As human beings, we can spend a lot of time worrying about our relationships with other people. But, in reality, the only relationship that really matters in life is the one you have with yourself.

The only person who travels with you through your whole life is *you.* Yes, it is only you right from the cradle to the grave. We don't mean to sound morbid; this is only meant to emphasize the importance of the relationship with yourself and the importance of knowing yourself.

Self-knowledge makes you independent of the opinions of others. Independence and self-awareness are also linked to confidence. By knowing who you are and what you stand for in life can help to give you a strong sense of self-confidence. In order to be **yourself**, you **have to know yourself!**

We Believe...

The first (and most crucial)

step is to know yourself.

"if I am me, then.....who am I"

Questionnaire

You are about to go on a journey to discover the inner you.

Before answering the questions, really think about the question; what is it asking you.

Highlight questions that were challenging for you. If you struggle answering a question, highlight it and come back to it later.

For questions asking about friends, answer the question from your thoughts. Then ask a couple of friends to see how they would answer the question about you. This will give you a perspective **from both sides of the mirror!**

1. Who Am I? (List everything that comes to mind)

_____

_____

_____

_____

_____

_____

2. What motivates me?

_____

_____

_____

_____

_____

_____

3. What are two things I am really good at?

_____

_____

_____

_____

_____

_____

4. When watching a movie, I would rather watch: action, romance, fantasy, or horror?

_____

_____

_____

_____

_____

_____

5. Do I forgive others easily?

_____

_____

_____

_____

_____

6. Who do I look up to?

_____

_____

_____

_____

_____

IF IT DOESN'T *challenge you,* IT DOESN'T CHANGE *you.*

7. Am I afraid of a challenge?

_____

_____

_____

_____

_____

_____

_____

8. What impact do I want to have on the world?

_____

_____

_____

_____

_____

_____

_____

_____

9. Do I have a special talent that surprises people?

_____
_____
_____
_____
_____
_____

10. Where do I like to go to relax or hang out?

_____
_____
_____
_____
_____

11. What annoys me?

_____
_____
_____
_____
_____
_____

Surround yourself with the dreamers and the doers, the believers and thinkers, but most of all, surround yourself with those who see greatness within you, even when you don't see it yourself.

WHO INSPIRES YOU?

12. Who inspires me?

_____

_____

_____

_____

_____

_____

13. What is my biggest dream?

_____

_____

_____

_____

_____

_____

_____

14. Who influences me?

_____

_____

_____

_____

_____

_____

15. How do I want people to feel when they are with me?

_____

_____

_____

_____

_____

_____

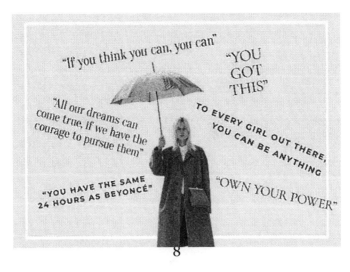

16. What is my biggest fear?

_____

_____

_____

_____

_____

_____

17. What kind of a person am I?

_____

_____

_____

_____

_____

_____

18. Am I an introvert or an extrovert?

_____

_____

_____

_____

_____

_____

_____

A Value is a person's principles or behavior; one's judgment of what is important in life.

19. What do I value in life?

_____

_____

_____

_____

_____

20. What is the best thing I have ever done?

_____

_____

_____

_____

_____

_____

21. What was the worst thing I have ever done?

_____
_____
_____
_____
_____
_____

22. What things do I really admire about other people?

_____
_____
_____
_____
_____
_____

23. What are my top three values?

_____
_____
_____
_____
_____
_____

24. When did I feel proud of myself?

_____

_____

_____

_____

_____

_____

25. What characteristic would I like to possess but do not have?

_____

_____

_____

_____

_____

_____

26. What is my favorite subject to read?

_____

_____

_____

_____

_____

_____

27. What is my biggest regret?

_____

_____

_____

_____

_____

_____

28. What do I value most in a friendship?

_____

_____

_____

_____

_____

_____

It is good to learn about the past, but do not dwell on it!

29. Am I at peace with my past?

_____

_____

_____

_____

_____

_____

30. What drives me crazy?

_____

_____

_____

_____

_____

_____

31. What would people who know me well say is my greatest weakness?

_____

_____

_____

_____

_____

_____

32. What motivates me to achieve my goals?

_____

_____

_____

_____

_____

_____

33. What did I learn from failure?

_____

_____

_____

_____

_____

_____

34. What was the best thing that happened to me last week?

_____

_____

_____

_____

_____

_____

35. Am I a tidy person or a messy one?

_____

_____

_____

_____

_____

_____

36. What do my friends respect me for?

_____

_____

_____

_____

_____

_____

37. What is my favorite hobby?

_____

_____

_____

_____

_____

_____

38. What unkind behaviors do I possess that offends others?

_____

_____

_____

_____

_____

_____

39. Do I prefer country or city living?

_____

_____

_____

_____

_____

_____

40. What advice would I give to a younger me?

_____

_____

_____

_____

_____

_____

41. What is my favorite food type? – Japanese, Chinese, Italian, Mexican, American or Other? If other, what is it?

_____

_____

_____

_____

_____

42. What do I most enjoy about my day-to-day life?

_____

_____

_____

_____

_____

43. What has been the most interesting experience I have had?

_____

_____

_____

_____

_____

44. What are five adjectives to describe me?

_____

_____

_____

_____

_____

_____

45. What do I respect about myself?

_____

_____

_____

_____

_____

46. What is the best piece of advice I have ever been given?

_____

_____

_____

_____

_____

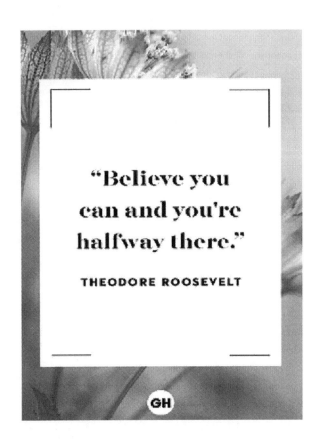

"Believe you
can and you're
halfway there."

THEODORE ROOSEVELT

GH

47. Who would I trust to give me good financial advice?

_____

_____

_____

_____

_____

_____

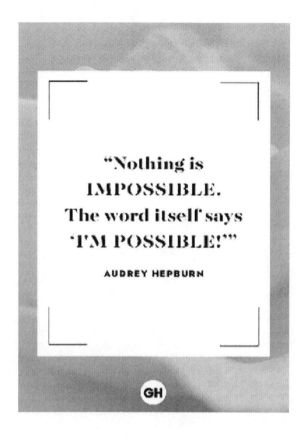

"Nothing is
IMPOSSIBLE.
The word itself says
'I'M POSSIBLE!'"

AUDREY HEPBURN

GH

48. How do I feel about failure?

_____

_____

_____

_____

_____

_____

_____

49. What am I most proud of?

_____

_____

_____

_____

_____

_____

50. What would someone close to me say is my greatest achievement?

_____

_____

_____

_____

_____

_____

Strenuous Exercise? Or Stress Eating?

51. What do I do to destress?

_____

_____

_____

_____

_____

_____

_____

52. What types of cars do I like or want to drive?

_____

_____

_____

_____

_____

_____

53. What am I best at?

_____

_____

_____

_____

_____

_____

54. Who is the most interesting person I know?

_____

_____

_____

_____

_____

_____

55. What would I do if I could be invisible?

_____

_____

_____

_____

_____

_____

56. What personality traits do my best friends think
    I possess?

_____

_____

_____

_____

_____

_____

57. What do I look for in friends?

_____

_____

_____

_____

_____

_____

58. Am I more in touch with my strengths or my weaknesses?

_____

_____

_____

_____

_____

_____

59. What makes me happy?

_____

_____

_____

_____

_____

_____

60. Who did I look up to growing up?

_____

_____

_____

_____

_____

_____

It's all the
Little moments
that make
life a ...
BIG adventure!

61. What was a special moment in my life?

_____

_____

_____

_____

_____

_____

62. What is my family like?

_____

_____

_____

_____

_____

_____

63. What did I learn from my mom and/or Dad?

_____

_____

_____

_____

_____

_____

64. When was the last time I cried and why?

_____

_____

_____

_____

_____

_____

65. If I could only speak one language for the rest of my life, would it be the one I speak now?

_____

_____

_____

_____

_____

_____

66. If I could change anything about myself, what would that be?

_____

_____

_____

_____

_____

_____

67. What do I love about myself?

_____

_____

_____

_____

_____

_____

68. What do my friends like best about me?

_____

_____

_____

_____

_____

_____

69. Who would you like to be when you grow up?

_____

_____

_____

_____

_____

_____

70. What do I do to unwind or relax?

_____

_____

_____

_____

_____

_____

_____

71. What is my perfect Sunday?

_____

_____

_____

_____

_____

_____

_____

72. How or what do I want to be remembered?

_____

_____

_____

_____

_____

_____

Stop for a moment,
Close your eyes,
and
Breathe

73. Where is the best place that I have ever traveled?

_____

_____

_____

_____

_____

_____

74. How good of a friend would I say I am?

_____

_____

_____

_____

_____

_____

75. If I could build my dream home from scratch, where would I put it?

_____

_____

_____

_____

_____

_____

76. What is the wisest/smartest decision I have made?

_____

_____

_____

_____

_____

_____

77. Do I have a good imagination?

_____

_____

_____

_____

_____

_____

78. How do I see myself in 10 years?

_____

_____

_____

_____

_____

_____

79. What is the best thing I have achieved in my life?

_____

_____

_____

_____

_____

_____

80. What would they say is your greatest weakness?

_____

_____

_____

_____

_____

_____

_____

81. Who do I spend time with and why?

_____

_____

_____

_____

_____

_____

_____

82. Why is it important to me to make a difference?

_____

_____

_____

_____

_____

_____

83. What do I want to be when I grow up?

_____

_____

_____

_____

_____

_____

84. What is my most treasured possession?

_____

_____

_____

_____

_____

_____

85. What is your favorite ice cream flavor?

_____

_____

_____

_____

_____

_____

86. What is your favorite type of music?

_____

_____

_____

_____

_____

_____

87. What have I ever done that my best friend would consider to be embarrassing?

_____

_____

_____

_____

_____

_____

88. How good am I at hiding the truth?

_____

_____

_____

_____

_____

_____

_____

89. What has been my biggest challenge so far in life?

_____

_____

_____

_____

_____

_____

When you **know yourself**, you **understand** what motivates you to resist bad habits and develop good ones. You will have the insight to **know** which values and goals activate your willpower. **Take time, look in the mirror, and give yourself grace when things don't go as planned!**

Be Fearless - You Can Do Anything!

90. Color: _____

91. Candy: _____

92. Song: _____

93. Holiday: _____

94. TV Show: _____

95. Thing To Wear: _____

96. Sport/Activity: _____

97. Movie: _____

98. Time of Day: _____

99. Book: _____

100. Teacher: _____

YEAH!!!!   YEAH!!!!   YEAH!!!!

You have completed the questionnaire!

But WAIT. There's one more thing............

Now that you've learned a little about yourself ....

What did you find out about yourself that was an "ah ha" moment for you?

_____

_____

_____

_____

_____

_____

And lastly, in one word or phrase, what is your SUPERPOWER! (the one thing that makes you unique?)

_____

Congratulations! You found *YOU*!
Strengthen your **superpower**, which is your gift to the world.

As you get older and wiser, always remember to BE YOU and develop your unique talents & gifts because the more you develop you, the more you can empower others in the world!

It's Time to Journal

Use this section to jot down your thoughts about what you've learned about yourself.

Putting things in writing will help you to clear your mind and relieve stress, which is good for your mental health.

It takes 28 days to develop a habit so we've provided 40 pages to start your journaling journey!

The one thing that appears to keep us from discovering our inner selves is FEAR. Fear of what others will say, fear of doing something different. And the big one...

FEAR OF FAILURE!

So to start this journaling phase, write a letter to fear. Tell fear to go away, tell fear that you will no longer listen to the negative thoughts it places in your mind. No FEAR!

Hello Fear,

_____

_____

_____

_____

_____

_____

_____

_____

_____

Sincerely _____
Now you are ready to journal. Happy Journaling!

Day 1 _____

Dear Journal: _____

_____
_____
_____
_____
_____
_____
_____
_____
_____
_____
_____
_____
_____
_____
_____
_____
_____
_____
_____
_____
_____
_____

Day 2 ————————————

Dear Journal: ————————————————————

_____

_____

_____

_____

_____

_____

_____

_____

_____

_____

_____

_____

_____

_____

_____

_____

_____

_____

_____

_____

_____

Day 3 ―――――――――――

Dear Journal: ―――――――――――――――――

―――――――――――――――――――――――――――
―――――――――――――――――――――――――――
―――――――――――――――――――――――――――
―――――――――――――――――――――――――――
―――――――――――――――――――――――――――
―――――――――――――――――――――――――――
―――――――――――――――――――――――――――
―――――――――――――――――――――――――――
―――――――――――――――――――――――――――
―――――――――――――――――――――――――――
―――――――――――――――――――――――――――
―――――――――――――――――――――――――――
―――――――――――――――――――――――――――
―――――――――――――――――――――――――――
―――――――――――――――――――――――――――
―――――――――――――――――――――――――――
―――――――――――――――――――――――――――
―――――――――――――――――――――――――――
―――――――――――――――――――――――――――
―――――――――――――――――――――――――――
―――――――――――――――――――――――――――

Day 4 ———————————

Dear Journal: ————————————————————

_____

_____

_____

_____

_____

_____

_____

_____

_____

_____

_____

_____

_____

_____

_____

_____

_____

_____

_____

_____

_____

Day 5 ————————————————

Dear Journal: ——————————————————————

————————————————————————————————
————————————————————————————————
————————————————————————————————
————————————————————————————————
————————————————————————————————
————————————————————————————————
————————————————————————————————
————————————————————————————————
————————————————————————————————
————————————————————————————————
————————————————————————————————
————————————————————————————————
————————————————————————————————
————————————————————————————————
————————————————————————————————
————————————————————————————————
————————————————————————————————
————————————————————————————————
————————————————————————————————
————————————————————————————————
————————————————————————————————

Day 6 _____

Dear Journal: _____

_____
_____
_____
_____
_____
_____
_____
_____
_____
_____
_____
_____
_____
_____
_____
_____
_____
_____
_____
_____
_____
_____

Day 7 _____

Dear Journal: _____

_____
_____
_____
_____
_____
_____
_____
_____
_____
_____
_____
_____
_____
_____
_____
_____
_____
_____
_____
_____
_____
_____
_____

Day 8 _____

Dear Journal: _____

_____
_____
_____
_____
_____
_____
_____
_____
_____
_____
_____
_____
_____
_____
_____
_____
_____
_____
_____
_____
_____

Day 9 _____

Dear Journal: _____

_____
_____
_____
_____
_____
_____
_____
_____
_____
_____
_____
_____
_____
_____
_____
_____
_____
_____
_____
_____
_____
_____
_____
_____

Day 10 _____

Dear Journal: _____

_____

_____

_____

_____

_____

_____

_____

_____

_____

_____

_____

_____

_____

_____

_____

_____

_____

_____

_____

_____

_____

_____

_____

Day 11 _____

Dear Journal: _____

_____

_____

_____

_____

_____

_____

_____

_____

_____

_____

_____

_____

_____

_____

_____

_____

_____

_____

_____

_____

_____

_____

_____

_____

Day 12 _____

Dear Journal: _____

_____

_____

_____

_____

_____

_____

_____

_____

_____

_____

_____

_____

_____

_____

_____

_____

_____

_____

_____

_____

_____

_____

Day 13 ———————————

Dear Journal: ————————————————

_____

_____

_____

_____

_____

_____

_____

_____

_____

_____

_____

_____

_____

_____

_____

_____

_____

_____

_____

_____

_____

_____

Day 14 ⸺

Dear Journal: ⸺

_____

_____

_____

_____

_____

_____

_____

_____

_____

_____

_____

_____

_____

_____

_____

_____

_____

_____

_____

_____

_____

_____

Day 15 ———————————

Dear Journal: ————————————————————

———————————————————————————
———————————————————————————
———————————————————————————
———————————————————————————
———————————————————————————
———————————————————————————
———————————————————————————
———————————————————————————
———————————————————————————
———————————————————————————
———————————————————————————
———————————————————————————
———————————————————————————
———————————————————————————
———————————————————————————
———————————————————————————
———————————————————————————
———————————————————————————
———————————————————————————
———————————————————————————
———————————————————————————
———————————————————————————
———————————————————————————
———————————————————————————

Day 16 _____

Dear Journal: _____

_____

_____

_____

_____

_____

_____

_____

_____

_____

_____

_____

_____

_____

_____

_____

_____

_____

_____

_____

_____

_____

_____

Day 17 _____

Dear Journal: _____

_____
_____
_____
_____
_____
_____
_____
_____
_____
_____
_____
_____
_____
_____
_____
_____
_____
_____
_____
_____
_____
_____
_____
_____

Day 18 ———————————

Dear Journal: ————————————————

———————————————————————
———————————————————————
———————————————————————
———————————————————————
———————————————————————
———————————————————————
———————————————————————
———————————————————————
———————————————————————
———————————————————————
———————————————————————
———————————————————————
———————————————————————
———————————————————————
———————————————————————
———————————————————————
———————————————————————
———————————————————————
———————————————————————
———————————————————————

Day 19 _____

Dear Journal: _____

_____

_____

_____

_____

_____

_____

_____

_____

_____

_____

_____

_____

_____

_____

_____

_____

_____

_____

_____

_____

_____

_____

_____

Day 20 _____

Dear Journal: _____

_____
_____
_____
_____
_____
_____
_____
_____
_____
_____
_____
_____
_____
_____
_____
_____
_____
_____
_____
_____
_____

Day 21 _____

Dear Journal: _____

_____
_____
_____
_____
_____
_____
_____
_____
_____
_____
_____
_____
_____
_____
_____
_____
_____
_____
_____
_____
_____
_____
_____
_____

Day 22 _____

Dear Journal: _____

_____

_____

_____

_____

_____

_____

_____

_____

_____

_____

_____

_____

_____

_____

_____

_____

_____

_____

_____

_____

Day 23 ———————————

Dear Journal: ———————————————————

———————————————————————
———————————————————————
———————————————————————
———————————————————————
———————————————————————
———————————————————————
———————————————————————
———————————————————————
———————————————————————
———————————————————————
———————————————————————
———————————————————————
———————————————————————
———————————————————————
———————————————————————
———————————————————————
———————————————————————
———————————————————————
———————————————————————
———————————————————————
———————————————————————
———————————————————————
———————————————————————
———————————————————————
———————————————————————

Day 24 ───────────────

Dear Journal: ───────────────────

───────────────────────────────────
───────────────────────────────────
───────────────────────────────────
───────────────────────────────────
───────────────────────────────────
───────────────────────────────────
───────────────────────────────────
───────────────────────────────────
───────────────────────────────────
───────────────────────────────────
───────────────────────────────────
───────────────────────────────────
───────────────────────────────────
───────────────────────────────────
───────────────────────────────────
───────────────────────────────────
───────────────────────────────────
───────────────────────────────────
───────────────────────────────────
───────────────────────────────────
───────────────────────────────────

Day 25 ———————————

Dear Journal: ———————————————

———————————————————————
———————————————————————
———————————————————————
———————————————————————
———————————————————————
———————————————————————
———————————————————————
———————————————————————
———————————————————————
———————————————————————
———————————————————————
———————————————————————
———————————————————————
———————————————————————
———————————————————————
———————————————————————
———————————————————————
———————————————————————
———————————————————————
———————————————————————
———————————————————————
———————————————————————
———————————————————————

Day 26 _____

Dear Journal: _____

_____
_____
_____
_____
_____
_____
_____
_____
_____
_____
_____
_____
_____
_____
_____
_____
_____
_____
_____
_____
_____
_____

Day 27 ———————————

Dear Journal: ————————————————

———————————————————————
———————————————————————
———————————————————————
———————————————————————
———————————————————————
———————————————————————
———————————————————————
———————————————————————
———————————————————————
———————————————————————
———————————————————————
———————————————————————
———————————————————————
———————————————————————
———————————————————————
———————————————————————
———————————————————————
———————————————————————
———————————————————————
———————————————————————
———————————————————————
———————————————————————
———————————————————————

Day 28 ―――――――――――

Dear Journal: ―――――――――――――――――

―――――――――――――――――――――――――――
―――――――――――――――――――――――――――
―――――――――――――――――――――――――――
―――――――――――――――――――――――――――
―――――――――――――――――――――――――――
―――――――――――――――――――――――――――
―――――――――――――――――――――――――――
―――――――――――――――――――――――――――
―――――――――――――――――――――――――――
―――――――――――――――――――――――――――
―――――――――――――――――――――――――――
―――――――――――――――――――――――――――
―――――――――――――――――――――――――――
―――――――――――――――――――――――――――
―――――――――――――――――――――――――――
―――――――――――――――――――――――――――
―――――――――――――――――――――――――――
―――――――――――――――――――――――――――
―――――――――――――――――――――――――――
―――――――――――――――――――――――――――
―――――――――――――――――――――――――――
―――――――――――――――――――――――――――

Day 29 _____

Dear Journal: _____

_____

_____

_____

_____

_____

_____

_____

_____

_____

_____

_____

_____

_____

_____

_____

_____

_____

_____

_____

_____

_____

_____

Day 30 ———————————

Dear Journal: ———————————————————

———————————————————————
———————————————————————
———————————————————————
———————————————————————
———————————————————————
———————————————————————
———————————————————————
———————————————————————
———————————————————————
———————————————————————
———————————————————————
———————————————————————
———————————————————————
———————————————————————
———————————————————————
———————————————————————
———————————————————————
———————————————————————
———————————————————————
———————————————————————
———————————————————————
———————————————————————

Day 31 _____

Dear Journal: _____

_____
_____
_____
_____
_____
_____
_____
_____
_____
_____
_____
_____
_____
_____
_____
_____
_____
_____
_____
_____
_____
_____
_____
_____

Day 32 ———————————

Dear Journal: ——————————————————

_____

_____

_____

_____

_____

_____

_____

_____

_____

_____

_____

_____

_____

_____

_____

_____

_____

_____

_____

_____

_____

Day 33 _____

Dear Journal: _____

_____
_____
_____
_____
_____
_____
_____
_____
_____
_____
_____
_____
_____
_____
_____
_____
_____
_____
_____
_____
_____
_____
_____
_____
_____

Day 34 —————————————

Dear Journal: —————————————————

_____
_____
_____
_____
_____
_____
_____
_____
_____
_____
_____
_____
_____
_____
_____
_____
_____
_____
_____
_____

Day 35 ———————————

Dear Journal: ———————————————

_____

_____

_____

_____

_____

_____

_____

_____

_____

_____

_____

_____

_____

_____

_____

_____

_____

_____

_____

_____

_____

_____

_____

Day 36 ————————————

Dear Journal: ————————————————

_____

_____

_____

_____

_____

_____

_____

_____

_____

_____

_____

_____

_____

_____

_____

_____

_____

_____

_____

_____

_____

_____

Day 37 ⎯⎯⎯⎯⎯⎯⎯⎯⎯⎯⎯⎯⎯⎯⎯

Dear Journal: ⎯⎯⎯⎯⎯⎯⎯⎯⎯⎯⎯⎯⎯⎯⎯⎯⎯⎯⎯⎯⎯⎯⎯⎯

Day 38 ———————————————

Dear Journal: ————————————————————

———————————————————————————
———————————————————————————
———————————————————————————
———————————————————————————
———————————————————————————
———————————————————————————
———————————————————————————
———————————————————————————
———————————————————————————
———————————————————————————
———————————————————————————
———————————————————————————
———————————————————————————
———————————————————————————
———————————————————————————
———————————————————————————
———————————————————————————
———————————————————————————
———————————————————————————
———————————————————————————
———————————————————————————
———————————————————————————
———————————————————————————

Day 39 ———————————

Dear Journal: ————————————————

———————————————————————
———————————————————————
———————————————————————
———————————————————————
———————————————————————
———————————————————————
———————————————————————
———————————————————————
———————————————————————
———————————————————————
———————————————————————
———————————————————————
———————————————————————
———————————————————————
———————————————————————
———————————————————————
———————————————————————
———————————————————————
———————————————————————
———————————————————————
———————————————————————
———————————————————————

Day 40 ————————————

Dear Journal: ——————————————————

————————————————————————
————————————————————————
————————————————————————
————————————————————————
————————————————————————
————————————————————————
————————————————————————
————————————————————————
————————————————————————
————————————————————————
————————————————————————
————————————————————————
————————————————————————
————————————————————————
————————————————————————
————————————————————————
————————————————————————
————————————————————————
————————————————————————
————————————————————————
————————————————————————
————————————————————————
————————————————————————

Visioning/Sketch

Use the following pages to visualize your goals or sketch out your thoughts.

By doing this, you will be able to SEE your vision and in turn, it will become reality!

"If I can see it, I can achieve it!"

Visioning...........................

Visioning...........................

Visioning............................

Visioning............................

Visioning...........................

Visioning...........................

Visioning...........................

Visioning...........................

Visioning............................

Visioning.............................

Visioning...........................

Visioning...........................

Visioning...........................

Visioning...........................

Visioning...........................

Visioning...........................

Visioning............................

Visioning...........................

Visioning............................

Visioning...........................

Visioning...........................

"Understanding who I am, clarifies who I will be, for all to see. I will always be ME"

Always be you!
Your authentic self!

Thank you for the purchase of this book!

All proceeds from this book will be donated to
Operation Be You, Inc., a girls non-profit that's
committed to the development and empowerment of
all girls, with an emphasis on girls of color.

"We belive all girls can embrace who they are, can
define their future, and can change the world!"

OBY Founders
Operation Be You, Inc.

Made in the USA
Middletown, DE
05 September 2024

59767512R00071